Raimund Eich

Wissenschaft und Glauben
ein Widerspruch?

AF198659

Raimund Eich, Jahrgang 1950, lebt im Saarland.
Neben zwei Tatsachenromanen sowie einigen Büchern mit
heiteren und besinnlichen Gedichten und Geschichten hat
er einige Werke veröffentlicht, in denen er sich insbesondere mit gesellschaftlichen und geisteswissenschaftlichen
Themen befasst. Hierin lässt er auch naturwissenschaftliche und technische Aspekte in sehr anschaulicher Form
mit einfließen. Daraus resultieren einzigartige Bücher,
spannend, dramatisch, informativ und unterhaltsam
zugleich.
Mehr auf seiner Autorenseite bei Amazon:
https://www.amazon.de/Raimund-
Eich/e/B004EBE93A/ref=sr_ntt_srch_lnk_1?qid=1506858
139&sr=8-1

Raimund Eich

Wissenschaft und Glauben
ein Widerspruch?

Bibliografische Information der Deutschen Nationalbibliothek:
Die Deutsche Nationalbibliothek verzeichnet diese Publikation in der Deutschen Nationalbibliografie; detaillierte bibliografische Daten sind im Internet über http://dnb.dnb.de abrufbar.

© 2019 Raimund Eich
Herstellung und Verlag: BoD – Books on Demand, Norderstedt
ISBN: 978-3-7504-0811-1

Inhaltsverzeichnis

Vorwort

Um es vorweg zu nehmen, ich bin seit meiner Taufe Mitglied der katholischen Kirche und zahle brav meine Kirchensteuern, ohne jedoch das Bedürfnis auf regelmäßige Kirchenbesuche, Andachten, Beichten oder die Teilnahme an einer Eucharistie zu haben. Auch ist mein Verständnis für längst nicht mehr zeitgemäße Rituale und Garderoben von geistigen Würdenträgern eher begrenzt. Offen gestanden halte ich von einigen unter ihnen nicht besonders viel, weil sie diesem Anspruch einfach nicht gerecht zu werden vermögen. Blutleere und blasse Gestalten, die immer wieder die gleichen vorgestanzten Texte und Predigten ohne Lust und Leidenschaft verkünden, die auf mich wie schlechte Schauspieler wirken, die verzweifelt bemüht sind, auf der Kirchenbühne ihren zugedachten Rollen gerecht zu werden.

Aber es wäre sicherlich unfair, sie in dieser Art und Weise alle über einen Kamm zu scheren, denn selbstverständlich gilt auch hier, dass Ausnahmen die Regel bestätigen. Ich selbst habe durchaus auch einige würdige Kirchenvertreter kennenlernen dürfen, denen ich allergrößten Respekt und Anerkennung zolle, aber es ist nur eine Minderheit, die leider nichts an meinem zugegebenermaßen eher negativen Gesamteindruck zu ändern vermag.

Warum ich dann überhaupt noch in der Kirche bin, werden Sie sich jetzt vielleicht fragen. Zum einen, weil ich trotz allem ein gläubiger Mensch bin und gerade in der heutigen, von zunehmendem Egoismus und Selbstverwirklichungstendenzen geprägten Zeit, eine Institution wie die Kirche zur Vermittlung von ethischen und moralischen Grundsätzen für wichtig und notwendig erachte, wobei für mich die Art der Konfession eher eine nachgeordnete Rolle spielt.

Bleibt noch eine Antwort auf die Frage, was mich zum Verfassen eines Buchs mit dieser Thematik veranlasst hat. Ich möchte es Ihnen der besseren Übersichtlichkeit wegen gerne stichwortartig skizzieren:

- ein grundsätzliches Interesse an dieser Thematik, schon in jungen Jahren

- ein christlich geprägter, aber keineswegs religions- oder bibelkonformer Glaube

- die Überzeugung, dass sich alle Menschen viel mehr mit existenziellen Fragen beschäftigen müssten, weshalb sich einige meiner Bücher auch mit dieser Thematik intensiv beschäftigen

- mein ingenieurwissenschaftliches Studium und ein, so hoffe ich wenigstens, halbwegs gesunder Menschenverstand

Ich möchte Ihnen mit diesem Buch gerne möglichst anschaulich vermitteln, dass nach meinem Verständnis Wissenschaft und Glauben durchaus nicht im Widerspruch, sondern vielmehr im Einklang zueinander stehen, wobei ich den Begriff Wissenschaft primär auf die Naturwissenschaften[1] beziehe. Den

Glauben möchte ich dagegen ganz bewusst von den Religionswissenschaften[2] abgrenzen, weil Religionen[3] zwar auf einem bestimmten Glauben, an was oder wen auch immer, basieren, während Glauben, für mich keineswegs einer Religion bedarf. So vermag ich zum Beispiel vieles, was die katholische Kirche als Dogma[4] und damit als unumstößlich bewertet und verbreitet, nicht nachzuvollziehen, was aber meinem Glauben an einen göttlichen Schöpfer keineswegs einen Abbruch tut.

Doch zurück zu Wissenschaft und Glauben. Mir scheinen die Gemeinsamkeiten zwischen beiden Disziplinen eher zu überwiegen, während ich so manchen angeblichen Widerspruch nicht als einen solchen wahrzunehmen vermag.

Ich möchte Sie mit diesem Buch jedoch auf keinen Fall mit missionarischem Eifer zum blinden Glauben bewegen, genau so wenig, wie Sie vom religiösen Glauben abbringen. Mein Anspruch ist eher ein bescheidener. Ich möchte Sie lediglich in Bezug auf diese Thematik ein bisschen sensibilisieren und Ihnen ein paar Denkanstöße für eigene Überlegungen und gegebenenfalls daraus resultierende Entscheidungen vermitteln.

In diesem Sinne wünsche Ihnen eine spannende, aufschlussreiche und hoffentlich auch etwas unterhaltsame Lektüre.

Raimund Eich

Ein paar Definitionen vorab

Es erscheint mir gleich zu Beginn notwendig, Ihnen zu vermitteln, was im Wesentlichen unter den in diesem Buch verwendeten Begriffen zu verstehen ist.

● **Glauben**[5]

Mit dem Begriff Glauben „allgemein" verbindet man, etwas für möglich oder wahrscheinlich zu halten, ohne diesbezüglich auf ein nachweislich gesichertes Wissen zurückgreifen zu können. Ein Glauben, an wen oder was auch immer, setzt diesbezüglich also eine Zustimmung oder ein gewisses Vertrauen voraus.

● **Wissen**[6]

Einen anhand von Fakten, Theorien oder Regeln bestätigten oder bewiesenen Glauben dürfte man als Wissen bezeichnen oder zumindest als einen hohen Grad der Gewissheit nach aktuellem Stand.

● **Wissenschaft**[7]

Wissenschaft kennzeichnet die - nach derzeitigem Kenntnisstand - verfügbare Summe aller Erkenntnisse über wesentliche Eigenschaften, kausale Zusammenhänge und Gesetzmäßigkeiten auf Wissensgebieten, die in entsprechenden Begriffen, Bestimmungen, Regeln etc. festgelegt sind.

- **Gewissheit**[8]

Gewissheit möchte ich kurz zusammengefasst als unzweifelhafte beziehungsweise unbestreitbare oder beweisbare Wahrheit charakterisieren.

In Bezug auf den „religiösen" Glauben unterscheidet man grundsätzlich nach:

- **Theismus**[9]

Darunter subsumiert man alle Menschen, die entweder an einen Gott (Monotheismus) oder an mehrere Götter (Polytheismus) glauben.

- **Atheismus**[10]

Atheisten glauben grundsätzlich nicht an die Existenz eines Gottes beziehungsweise von Göttern.

- **Agnostizismus**[11]

Agnostiker lassen die Glaubensfrage offen, da die Existenz einer höheren göttlichen Instanz weder zu beweisen noch zu bestreiten ist.

Glauben als unverzichtbarer Bestandteil unseres Lebens

Ohne Glauben geht es im Leben grundsätzlich nicht, wohlgemerkt bezogen auf den Glauben allgemein. Unser Leben ist grundsätzlich auf bestimmte Ziele hin ausgerichtet, sei es beruflich oder privat. So glauben wir zum Beispiel, dass wir den heutigen Tag überstehen werden und dass morgen auch noch ein Tag ist. Wir glauben daran, dass uns schon nichts passieren wird, dass wir unsere Alltagsaufgaben, unsere Sorgen und unsere Probleme irgendwie bewältigen können. Wir glauben daran, bevorstehende Prüfungen meistern zu können, vom Erwerb des Seepferdchen angefangen über den Erwerb einer Fahrerlaubnis bis hin zu einem qualifizierten Hochschulabschluss. Wir glauben daran, dass uns unser Partner treu ist, dass wir uns auf Verwandte, Freunde und Bekannte auch in der Not verlassen können, dass unser Arbeitsplatz sicher ist, dass wir am Ende des Monats unser Geld bekommen werden, dass unser Verein das nächste Spiel gewinnt oder Meister wird oder nicht absteigt, vom Sechser im Lotto ganz zu schweigen. Die Auswahl an Beispielen ist schier unbegrenzt und könnte hier beliebig fortgesetzt werden.

Bleiben wir stattdessen doch einfach mal beim Sechser im Lotto. Millionen Menschen tippen regelmäßig und geben dafür eine ganze Menge Geld aus. Für die allermeisten wäre es zweifellos „gewinnbringender", das Geld für den Tippeinsatz zu sparen oder für andere Zwecke zu verwenden, denn nur den allerwenigstens winkt das Millionenglück. Und dennoch versuchen sie es immer wieder, viele sogar ein Leben lang vergeblich. Die Chance, beim Zahlenlotto den Jackpot zu knacken, liegen, soweit mir bekannt ist, bei rund 1:140 Millionen, ist also verschwindend gering, was auch für andere Glücksspiele in ähnlicher Weise gilt. Warum also lassen sich so viele dennoch immer wieder aufs Neue verführen und sind unerschütterlich in ihrem Glauben an den Hauptgewinn? Ganz einfach, weil mit diesem Glauben die Hoffnung aufs große Glück verbunden ist, darauf, dass sie mit einem Schlag, für immer von allen finanziellen Sorgen befreit, ein Leben in Saus und Braus führen können, ein freies, unbeschwertes und glückliches Leben, nach dem wir uns wohl alle sehnen. So gesehen ist es durchaus verständlich, an seinem Lottoglauben festzuhalten, selbst wenn nie etwas daraus werden sollte. Man erkauft sich damit zumindest dauerhaft die Hoffnung oder Träume auf ein märchenhaftes Glück.

Doch ist dieses Glück auch garantiert für denjenigen, für den sich tatsächlich die prall gefüllte Schatzkiste eines Tages öffnet. Keineswegs, wie leider allzu viele Negativbeispiele zeigen. Selbst wer mit dem großen Wurf für immer materiell ausgesorgt hat, weil er mit dem gewonnen Geld sorgsam umzugehen versteht, wird über kurz oder lang feststellen, dass man sich damit die wahre Liebe, das dauerhafte Glück oder eine immerwährende Jugend, Schönheit und Gesundheit keineswegs erkaufen kann. Ganz zu schweigen von denen, die im Freudentaumel völlig durchdrehen, ihre Arbeitsstelle kündigen, Frau und Kinder verlassen und das Geld so lange „unter Mithilfe" zahlloser Freunde verprassen, bis sie am Ende in jeder Beziehung weitaus schlimmer dran sind als vor dem umjubelten Glückstreffer.

Wer sein Glück nur im Materiellen zu finden glaubt, hat offenbar noch nicht verstanden, worauf es im Leben wirklich ankommt. Wer hierüber noch etwas mehr erfahren möchte, dem sei ein Blick in die im Kapitel „Weitergehende Literatur zur Thematik" aufgeführten Bücher empfohlen.

Auch die Wissenschaft würde ohne den Glauben an einen permanenten wissenschaftlichen Fortschritt auf der Stelle treten. Nur diejenigen Forscher, die den jeweiligen Stand der Erkenntnis auf einem bestimmten Gebiet noch nicht für der Weisheit letzten Schluss halten, die Zweifel an dessen Richtigkeit oder Vollständigkeit haben, oder die glauben, auf anderen Wegen besser und schneller ans Ziel zu kommen, bringen die Wissenschaft weiter voran, von darüber hinaus nicht zu leugnenden Zufallsentdeckungen einmal abgesehen.

Ein paar Beispiele im nachfolgenden Kapitel sollen hiervon Zeugnis ablegen.

Glaube als Auslöser für Entdeckungen

Die Erde als flache Scheibe hat der niederländische Maler Hieronymus Bosch auf dem Triptychon *Der Garten der Lüste*[12] gegen Ende des 14. Jahrhunderts dargestellt. Selbst der als *Wanderer am Weltenrand* bekannte Holzstich von Flammarion[13] aus dem Jahr 1888, bei dem sich ein Wandersmann über den Rand der Erde beugt, um die Himmelsmechanik hinter dem gewölbten Himmel zu bestaunen, liefert noch die Darstellung von einer Erdscheibe, obwohl bereits Gelehrte in der Antike begannen, an eine Kugelgestalt der Erde[14] zu glauben.

Wäre Christoph Kolumbus davon nicht auch überzeugt gewesen, wäre es ihm sicherlich nie in den Sinn gekommen, sich im Jahr 1492 von der südspanischen Atlantikküste aus in Richtung Westen auf die Suche nach einem kürzeren Handelsweg per Schiff nach Indien zu machen, anstatt wie bis dato zuerst ganz Afrika umschiffen und dann nach Osten weitersegeln zu müssen. Die Unkenntnis von einem amerikanischen Kontinent, und daraus resultierend wohl auch eine zu geringe Berechnung des Erdumfangs, ließen ihn am 12. Oktober 1492[15] auf den Bahamas landen und damit die so genannte *Neue Welt* entdecken.

Lange Zeit galt die Erde als Mittelpunkt des Universums, um die Sonne, Mond und die anderen Planeten kreisen sollten. Erst im 16. Jahrhundert wurde dieses geozentrische Weltbild[16] vom Domherrn, Astronom und Arzt Nikolaus Kopernikus[17] (1473-1543) im festen Glauben daran, dass nicht die Erde, sondern die Sonne der Dreh- und Angelpunkt ist, durch das heliozentrische Weltbild[18] ersetzt, was sowohl bei Vertretern der katholischen als auch der protestantischen Kirche zunächst auf einhellige Ablehnung stieß, bis der italienische Universalgelehrte Galileo Galilei[19] (1564-1641) die Annahmen des Nikolaus Kopernikus stütze, womit er sich letztlich sogar einem Prozess der Inquisitionsbehörde stellen musste. Auch der deutsche Johannes Kepler[20] (1571-1630) untermauerte das geozentrische Weltbild mit einer Reihe von astronomischen Beobachtungen und Entdeckungen.

Nur ein paar Beispiele aus längst vergangenen Zeiten, die eindrucksvoll belegen, wie wichtig, oder noch deutlicher formuliert, wie unverzichtbar Glauben für den wissenschaftlichen Fortschritt schon immer war und selbstverständlich auch in Zukunft sein wird.

Kirchenaustritte als Beweis für den Unglauben?

Für die zahlreichen Kirchenaustritte[21] mag es vielfältige Gründe geben. Die seit Jahrzehnten wachsenden Austrittszahlen lassen jedenfalls diesen Schluss zu. Die Institution Kirche hat im Laufe der Zeit offensichtlich für immer mehr Menschen massiv an Bedeutung verloren. Waren es 1955 beispielsweise knapp 57.000 Deutsche, die der Kirche den Rücken gekehrt haben, so wurde 1991 und damit ein Jahr nach der Wiedervereinigung ein Spitzenwert von über 488.000 Austritten erreicht. Seit 1990 dürften etwa 10 Millionen Menschen aus den beiden größten Amtskirchen in Deutschland ausgetreten sein.

Hat religiöser Glauben also keine Lobby mehr in Deutschland? Sind aus den Austrittskandidaten ausnahmslos Atheisten geworden oder will man sich bloß die Entrichtung der Kirchensteuer sparen? Aber wer würde Letzteres schon gerne zugeben und sich beispielsweise nicht lieber hinter Missbrauchsskandalen verstecken? Ohne Zweifel ein sehr trauriges und beschämendes Kapitel Kirchengeschichte, aber findet man so etwas nicht auch in vielen staatlichen und privaten Institutionen, bei Vereinen und sogar im familiären Umfeld? Tritt man auch dort überall so konsequent aus wie aus der Kirche? Keine Antwort auf diese Fragen ist sicherlich auch eine Antwort.

Doch zurückgehende Zahlen bei Kirchenmitgliedern gehen andererseits durchaus einher mit steigendem Interesse an spiritistischen Vereinigungen und Aktivitäten. Suchen viele also doch nach einer Art Ersatzreligion oder auf anderen Wegen nach einem göttlichen Schöpfer?

Doch was spricht eigentlich dafür, wenn selbst berühmte Persönlichkeiten die Existenz eines Gottes in aller Öffentlichkeit bezweifeln oder gar in Abrede stellen? Im nächsten Kapitel werde ich darauf noch etwas näher eingehen.

Vertreter einer atheistischen Weltanschauung

Er habe dort oben keinen Gott gesehen, soll Juri Gagarin[22], der erste Mensch im Weltall angeblich auf die Frage eines Journalisten geantwortet haben, nachdem er 1961 nach einer Erdumrundung mit dem Raumschiff Wostok 1 glücklich wieder gelandet war. Einen eindeutigen Beleg für diesen Ausspruch gibt es allerdings nicht, zumal der Kosmonaut ein bekennender Christ gewesen sein soll.

Doch es gab schon immer und auch heute noch viele prominente Persönlichkeiten, die dem Glauben an einen göttlichen Schöpfer nichts oder nur wenig abgewinnen konnten, wie beispielsweise den Philosophen Friedrich Nietzsche[23] (1844-1900), nach dessen Auffassung vor allem die Natur- und Geschichtswissenschaften maßgeblich daran mitgewirkt haben, christliche Weltanschauungen als unglaubwürdig abzutun.

Auch Sigmund Freud[24] (1856-1939), der Begründer der Psychoanalyse, war als vehementer Religionskritiker und überzeugter Atheist bekannt.

Paul Adrien Maurice Dirac[25] (1902-1984), ein britischer Physiker, Nobelpreisträger und Mitbegründer der Quantenphysik, war ebenfalls ein bekennender Atheist.

Alan Greenspan[26], ein renommierter amerikanischer Wirtschaftswissenschaftler, der bis 2006 Vorsitzender der US-Notenbank war, kann dem Glauben an eine göttliche Existenz ebenfalls nichts abgewinnen.

Stephen Hawking[27] (1942-2018) war wohl einer der bekanntesten Wissenschaftler, der die Ansicht vertrat, dass für die Entstehung des Universums kein Gott notwendig gewesen sei.

Ein besonders leidenschaftlicher Verfechter des Atheismus darf hier nicht ungenannt bleiben, nämlich Richard Dawkins[28], ein britischer Zoologe, Biologe und Autor populärwissenschaftlicher Bücher, der zwar eine Existenz Gottes nicht zu 100 Prozent ausschließt, aber die Wahrscheinlichkeit diesbezüglich für sehr gering hält. In einem seiner bekanntesten Werke mit dem Titel *Der Gotteswahn*[29] setzt er sich intensiv mit dieser Thematik auseinander.

Ich möchte es bei dieser beispielhaften Aufzählung namhafter Persönlichkeiten, die mit Gott nichts oder allenfalls wenig „am Hut haben" belassen. Genügt Sie aber, sich angesichts so viel geballter Sachkompetenz dieser Ansicht blind oder zumindest vertrauensvoll anzuschließen? Wohl kaum, denn es gibt schließlich eine ganze Reihe von Persönlichkeiten, die sich offen zum Glauben an Gott bekennen oder seine Existenz zumindest nicht kategorisch ausschließen. Im nächsten Kapitel möchte ich Ihnen daher auch einige Theisten und Agnostiker vorstellen.

Gottesgläubige und Agnostiker

Obwohl Galileo Galilei[15], wie bereits dargelegt, als Verfechter eines heliozentrischen Weltbildes massive Probleme mit der Institution Kirche bekam, galt er zeit seines Lebens als tiefgläubiger Christ.

Der britische Naturwissenschaftler Charles Darwin[30] (1809-1882), der insbesondere für seine Evolutionstheorie bekannt ist, bezeichnete sich selbst als Agnostiker und schloss damit eine göttliche Existenz zumindest nicht grundsätzlich aus.

Der berühmte französische Wissenschaftler Louis Pasteur[31] (1822-1895) soll sogar bei seiner Arbeit im Labor zu Gott gebetet haben.

Gregor Mendel[32] (1822-1884), der insbesondere durch seine wissenschaftlichen Werke zur Vererbungslehre bekannt ist, hatte sich als Mönch und Priester sogar primär dem Glauben verschrieben.

Max Planck[33] (1858-1947), einer der berühmtesten deutschen Wissenschaftler und Nobelpreisträger, war bis zu seinem Tod Mitglied der evangelischen Kirche. Er bejahte den Glauben an Gott und sah in der Wissenschaft beziehungsweise in wissenschaftlichen Erkenntnissen letztlich ein Hinstreben zu Gott.

Wohl etwas weniger bekannt ist Georges Edouard Lemaître[34] (1894-1966), ein belgischer Astrophysiker und Begründer der Urknalltheorie[35], nach der das Universum, und damit Materie, Raum und Zeit, vor ca. 13,8 Milliarden Jahren aus einer Singularität, oder stark vereinfacht ausgedrückt, aus einem unendlich kleinen Punkt entstanden sein soll. Obwohl sich diese Annahme mit der biblischen Schöpfungsgeschichte nicht in Einklang bringen lässt, bleibt festzustellen, dass Lemaître als katholischer Priester seine Theorie selbst ausdrücklich als einen göttlichen Schöpfungsakt bezeichnete.

Sir Arthur Stanley Eddington[36] (1882-1944) war ein britischer Astrophysiker und bekennender Quäker[37], nach deren grundlegender Weltanschauung das Licht Gottes in jedem Menschen innewohnt.

Für den Physiker und Nobelpreisträger Werner Heisenberg[38] gab es keinen Zweifel am gemeinsamen Ursprung von Religion und Wissenschaft.

Albert Einstein[39], den wohl bekanntesten Prominenten in dieser Aufzählung, richtig einzuordnen ist allerdings schwierig aufgrund seiner zum Teil zwiespältigen Äußerungen zu Religion und Glauben. Er glaubte zwar nicht an einen persönlichen Gott, sah sich selbst aber eher als Agnostiker, weil er nach eigenem Bekunden den kämpferischen Geist des Atheismus nicht zu teilen vermochte aufgrund der Schwäche der menschlichen Erkenntnis über die Natur und das menschliche Dasein.

Man könnte auch diese Auflistung nach Belieben ergänzen, aber weitaus wichtiger scheint mir die Feststellung zu sein, dass es neben den Atheisten zumindest einige bedeutende Persönlichkeiten gibt, die Wissenschaft und Glauben durchaus im Einklang sehen oder zumindest keinen Widerspruch darin zu erkennen vermögen. Dazu noch etwas mehr im nächsten Kapitel.

Unterschiede und Gemeinsamkeiten

Die Naturwissenschaften und die Theologie[40] als Lehre vom Glauben an Gott sind zwei völlig voneinander unabhängige Themenbereiche. Es ist nicht die Aufgabe von Wissenschaftlern, Aussagen über Gott zu formulieren, ebenso wenig wie die von Theologen bezüglich der Formulierung wissenschaftlicher Gesetzmäßigkeiten. *Schuster, bleib bei deinen Leisten,* könnte man es auch salopp formulieren. So sollte zum Beispiel auch ein Mechaniker einem Elektriker nicht ins Handwerk pfuschen, was selbstverständlich auch im umgekehrten Falle gilt. Doch wenn es darum geht, eine Maschine wie einen elektrischen Rasenmäher zu bauen, um bewusst ein simples Beispiel zu nennen, dann müssen die beiden zusammen auf ihr gemeinsames Ziel hin arbeiten, sich gegenseitig ergänzen, wenn daraus etwas werden soll. Hier sind also ganzheitliche Denk- und Lösungsansätze gefragt.

Doch wie könnte ein Zusammenwirken von Naturwissenschaften und der Theologie als geisteswissenschaftliches Element aussehen? Mit dem Glauben alleine kommt man bekanntlich im Leben nicht weit, weil er sich „nur" auf das Geistige oder Immaterielle konzentriert, während sich die Naturwissenschaften ausschließlich auf das Natürliche und damit auf das Materielle beziehen.

Dass alle Vergleiche mehr oder weniger hinken, ist hinlänglich bekannt. Trotzdem will ich versuchen, Ihnen an einem simplen Beispiel die Unterschiede und Gemeinsamkeiten zwischen dem Materiellen und dem Immateriellen aufzuzeigen. Wenn ein Musiker ein Instrument gleich welcher Art spielt, erzeugt er damit Schallwellen, die in die Ohren der Zuhörer gelangen und dort in hörbare Töne umgewandelt werden. Dies gilt allerdings für jede Art von Geräuscherzeugung wie beispielsweise auch beim Bedienen eines Staubsaugers, dessen Tönen wohl kaum jemand etwas abzugewinnen vermag. Die Musik soll dagegen beim Zuhörer positive Emotionen auslösen, wofür es keineswegs reicht, ein Stück nur richtig und laut genug zu spielen, sondern es vielmehr im gewünschten Sinne zu interpretieren. Nur dann vermag es zum erfüllenden Hörgenuss zu werden, was das erklärte Ziel ist, für die das materielle Instrument letztlich „nur" ein notwendiges Mittel zum Zweck ist.

Dank der Naturwissenschaften und dem daraus resultierenden technischen Fortschritt sind wir heutzutage durchaus in der Lage, unsere lebensnotwendigen materiellen Bedürfnisse zu befriedigen, und zudem noch einiges mehr, natürlich in Abhängigkeit von unseren finanziellen Möglichkeiten. Doch die Freude beziehungsweise Glücksgefühle über materielle Errungenschaften sind oft nur von mehr oder weniger kurzer Dauer, sodass man sich schon bald dem nächsten Ziel seiner Wünsche zuwendet. Wohl jeder von uns hat diese Erfahrung sicherlich schon mehr als einmal gemacht.

Länger anhaltend und intensiver ist das Glücksempfinden dagegen in der Regel, wenn man geliebt wird oder selbst Liebe schenken kann, wenn es auch hierfür leider keine dauerhafte Garantie gibt, wie jeder weiß.

Als dauerhaftes Glück könnte man dagegen die Glückseligkeit bezeichnen, die aus einer Erlösung[41] und damit aus einer Befreiung von allem Negativen resultiert. Die Religionen versprechen diesbezüglich zwar viel, bieten letztlich alles andere als das, wenn man an die blutigen Kreuzzüge[42] oder an die Christenverfolgung[43] denkt. Den Opfern wurde allerdings primär die Art ihres Glaubens beziehungsweise ihrer Religionszugehörigkeit zum Verhängnis und weniger der Glauben an sich.

Endloses Glück, zumindest nach dem Tod, verheißen einige Religionen denjenigen, die sich zu Lebzeiten treu und ergeben zu ihrer Glaubensgemeinschaft bekennen und deren Grundsätze befolgen. All denen wird ein Platz für immer im Himmel oder im Paradies versprochen. Doch damit schließen sie praktisch die Möglichkeit einer Reinkarnation[44] und damit mehrfache irdische Existenzen einer (Geist)Seele[45] zur geistigen Weiterentwicklung bis hin zur endgültigen Erlösung aus, wie sie im Hinduismus[46] und Buddhismus[47] propagiert wird.

Eine große Gemeinsamkeit zeichnet nach meiner Auffassung alle diese Religionen aus, nämlich die ewige Erlösung von allem Übel als endgültiges Ziel im Jenseits[48], wenn man den jeweiligen Glauben an seinen Gott oder seine Götter entsprechend praktiziert. Und das wäre etwas, was uns kein irdisches Glück im alleinigen Glauben an die Naturwissenschaften zu bieten vermag, bei denen nach dem irdischen Tod alles aus ist. Grund genug also auch für so manchen Naturwissenschaftler, sich ebenfalls mit dem Glauben auseinanderzusetzen, anstatt ihn mangels Beweisen als unwissenschaftlichen Humbug abzutun. Damit verschließt man sich meines Erachtens zumindest auch weitergehenden Denk- und Lösungsansätzen für bisher ungeklärte naturwissenschaftliche Phänomene.

Der Mensch als Ganzes

Wenn wir vom Menschen allgemein sprechen, mei-
nen wir damit nicht nur seinen Körper mit allen
Gliedmaßen und Organen oder seinen materiellen
Leib, denn der Mensch ist bekanntlich mehr als die
Summe von Haut, Knochen und Organen. Nicht um-
sonst sprechen wir von einer Einheit von Körper,
Geist[49] und Seele.

Bleiben wir zunächst beim Körper, der - wie alle
Materie - aus Atomen[50] besteht. Die Durchmesser
von Atomen sind winzig klein und liegen etwa im
Bereich von 10^{-10} Meter. Sie bestehen aus einem posi-
tiv geladenen Atomkern und negativ geladenen Elek-
tronen, die sich um den Atomkern bewegen, der lediglich einen Durchmesser von etwa einem Zehn- bis
Hunderttausendstel des gesamten Atomdurchmessers
hat. Übertragen auf einen für uns anschaulichen oder
greifbaren Maßstab würde der Abstand zwischen
einem gedachten 1 cm großen Atomkern und dem
Durchmesser des ganzen Atoms zwischen 100 und
1000 Meter betragen. Mit anderen Worten, der weitaus überwiegende Teil eines Atoms besteht aus mas-
seleerem Raum. So gesehen also zumindest bemer-
kenswert, dass man nicht durch uns hindurchschauen
kann, was allerdings mit unserem begrenzten Seh-
vermögen zusammenhängt, weil wir aus dem großen
Spektrum elektromagnetischer Strahlen[51] nur einen
relativ kleinen Teil mit einer Wellenlänge im Bereich
von etwa 400 bis 700 Nanometer wahrzunehmen

vermögen, während die weitaus kurzwelligeren Röntgenstrahlen mittels entsprechender Geräte durchaus Einblicke ins Körperinnere möglich machen. So viel zum menschlichen Körper.

Doch was ist eigentlich die Seele? Zumindest nichts Materielles, denn kein Arzt und kein noch so hoch auflösendes medizinisches Messinstrument wären in der Lage, im Menschen eine Seele zu identifizieren. Man subsumiert unter diesem Begriff die Gesamtheit all unserer Gefühlsregungen beziehungsweise unserer Emotionen[52].

Fehlt also noch eine Erklärung für den Begriff Geist, mitunter auch als Bewusstsein[53] deklariert, unter dem man alles versteht, was mit Wahrnehmen, Lernen, Erinnern, Vorstellen und Phantasieren zusammenhängt. Dazu gehören unter anderem Fähigkeiten wie Überlegen, Auswählen, Entscheiden, Beabsichtigen, Planen, Strategien verfolgen, Einschätzen, Gewichten, Bewerten, Kontrollieren und vieles mehr.

In diesem Zusammenhang muss ein besonderer Wert auf den Hinweis gelegt werden, dass der Geist oder das Bewusstsein nicht mit dem Gehirn[54] gleichzusetzen ist. Das menschliche Gehirn steuert zum einen automatisch, und damit ohne unser bewusstes Zutun, Funktionen wie zum Beispiel die Atmung, den Herzkreislauf sowie die Nahrungsverwertung und Verdauung. Darüber hinaus verarbeitet es auch Sinneswahrnehmungen und koordiniert körperliche Aktivitäten und Verhaltensweisen. Es ist somit nicht nur zentrale Schalt-, Steuer- und Regeleinheit, sondern auch ein komplexer Informationsspeicher für unseren Organismus, während man die Geistseele -

und damit den immateriellen Teil des Menschen - als Bewusstseins- und Emotionszentrale bezeichnen könnte.

Man hört immer wieder von Menschen, die aufgrund von schweren Unfällen oder bei Operationen für einige Zeit klinisch tot und ohne messbare Hirnfunktionen waren, aber dennoch später von eindeutigen Wahrnehmungen ihrer Umwelt während dieser Zeit berichten. Das spricht nicht nur für eine notwendige Unterscheidung von Geist und Gehirn, sondern auch dafür, dass sich unser Bewusstsein nicht nur nicht in unserem Gehirn, sondern möglicherweise sogar außerhalb unseres Körpers befinden könnte. Exakt zu diesem Schluss ist Pim van Lommel[55] ein niederländischer Kardiologe und Autor von „Endloses Bewusstsein" anhand von Studienergebnissen gekommen, wonach ein klares Bewusstsein selbst dann möglich ist, wenn unser Gehirn nachweislich nicht mehr funktioniert. Allerdings finden seine wissenschaftlichen Thesen in Fachkreisen keine ungeteilte Zustimmung.

Wie auch immer, van Lommels These wäre zumindest eine plausible Erklärung für sogenannte Nahtoderfahrungen[56] und ein Weiterleben unserer Geistseele über den körperlichen Tod hinaus. Darauf werde ich anderer Stelle noch einmal zurückkommen.

Vermitteln uns unsere Sinne stets die ganze Wahrheit?

Mit Sicherheit nicht, möchte ich spontan auf diese Frage antworten, doch der Reihe nach.

Ausgestattet mit fünf Sinnen, also sehend, hörend, tastend, riechend und schmeckend erleben wir die Welt. Doch jeder von uns hat dabei andere Empfindungen und Wahrnehmungen. Was dem einen zu dunkel ist, ist dem anderen zu hell, zu leise oder zu laut, zu warm oder zu kalt und so weiter.

Noch größer sind die Unterschiede im Vergleich zwischen Mensch und Tier. So haben Katzen und Hunde bekanntlich ein wesentlich besseres Gehör als wir. Eine Ultraschallpfeife für Hunde vermag ein Mensch nicht zu hören. Auch sehen viele Tiere im Dunkeln deutlich besser als wir, und Fledermäuse orientieren sich zum Beispiel bei völliger Dunkelheit zielsicher mittels Ultraschallsignalen, während sich Zugvögel über tausende von Kilometern vom Magnetfeld der Erde leiten lassen. Es gäbe sicherlich noch viele Beispiele, doch reichen die hier aufgeführten völlig aus für die Feststellung, dass jedes Lebewesen nur das wahrzunehmen vermag, was ihm seine ureigenen Sinne erlauben, die sich zudem alterungsbedingt in ihrer Empfindlichkeit zum Nachteil verändern.

Hinzu kommen trügerische Wahrnehmungen wie zum Beispiel bei einem Blitzeinschlag aus der Entfernung, bei dem wir den Lichtblitz praktisch unmittelbar, den zeitgleichen Donner aber erst mit einer entfernungsabhängigen zeitlichen Verzögerung wahrnehmen, was bekanntlich aus den unterschiedlichen Geschwindigkeiten von Licht- und Schallwellen resultiert.

Während ein Außenstehender am Fahrbahnrand bei einem Autorennen einen Überholvorgang beobachtet und dabei die hohen Absolutgeschwindigkeiten beider Fahrzeuge wahrnimmt, bewegt sich für den Beobachter im überholten Fahrzeug das überholende Gefährt scheinbar nur im Schneckentempo an ihm vorbei.

Auch ein Sportler, der sich relativ schnell auf einem Laufband bewegt, tritt für den Beobachter daneben allenfalls wild hampelnd auf der Stelle.

Weitaus gravierender sind die Unterschiede aber beim Blick in den nächtlichen Sternenhimmel. Alle Seheindrücke von Himmelskörpern, die wir dort oben zeitgleich wahrnehmen, resultieren in Wahrheit aus unterschiedlichen Vergangenheiten. Dass Lichtstrahlen sich mit Lichtgeschwindigkeit[57] bewegen, also mit rund 300.000 Kilometer pro Sekunde, dürfte bekannt sein. Vom Mond zur ca. 385.000 entfernten Kilometer Erde ist es für das Licht mit knapp 1,3 Sekunden nur ein Katzensprung, während das Sonnenlicht immerhin schon deutlich über 8 Minuten benötigt, um die rund 150 Millionen Kilometer zur Erde zu überbrücken. Zum Planeten Pluto[58] sind es schon viereinhalb Stunden und zum Doppelsternsystem Alpha Centauri[59] bereits etwa 4,3 Lichtjahre[60]. Mit anderen Worten, ein heutiger Blick auf Alpha Centauri liefert uns einen optischen Eindruck, der bereits weit über 4 Jahre alt ist. Noch etwas plastischer formuliert, selbst wenn Alpha Centauri heute verschwinden würde, wäre es für uns noch über vier Jahre zu sehen.

Bleibt unterm Strich in Bezug auf unsere Sinneswahrnehmungen festzustellen: Wer ausschließlich nur das, was er selbst wahrzunehmen vermag, als wahr oder existent annimmt, geht grundsätzlich von falschen Voraussetzungen aus! Ein sehr simples Experiment diesbezüglich vermag jeder leicht nachzuvollziehen. Suchen Sie dazu bitte einen möglichst ruhigen und ungestörten Raum auf, beispielsweise das Schlafzimmer oder zur Not auch die Toilette. Entspannen Sie sich und konzentrieren Sie sich dann für ein paar Sekunden auf das, was Sie zu hören und zu sehen vermögen. Außer der Umgebung und hoffentlich möglichst keinen störenden Umgebungsgeräuschen sollten Sie danach eigentlich Fehlanzeige melden, obwohl dieser Raum, sofern es kein elektromagnetisch abgeschirmter ist, von elektromagnetischen Feldern förmlich durchflutet ist, die Sprache, Daten, Musik, Bilder und Filme für Radio, TV, Mobilfunk, Internet etc. übertragen. Mit unseren Augen und Ohren vermögen wir sie dennoch nicht unmittelbar wahrzunehmen, obwohl sie nachweislich existent sind, wie wir beim Einschalten entsprechender Empfangsgeräte unschwer feststellen könnten.

Unter diesen Aspekten fände ich es zumindest fragwürdig, etwas kategorisch als unsinnig auszuschließen, was man aufgrund seiner nachweislich begrenzten Sinneswahrnehmungen, wie vor erläutert, nicht selbst oder nicht unmittelbar zu erkennen vermag.

Sinn und Unsinn

Kennen Sie eigentlich Platons Höhlengleichnis[61], ein Gedankenexperiment, das die Begrenztheit unserer Wahrnehmung beziehungsweise unseres Vorstellungsvermögens sehr gut verdeutlicht?

Ich will versuchen, es hier möglichst kurz wiederzugeben. Stellen Sie sich bitte eine höhlenartige unterirdische Behausung vor, von der aus nur ein steiler Gang zur Erdoberfläche führt. In dieser Höhle sitzen Menschen nebeneinander angekettet hinter einer halbhohen Mauer, die noch nie das Tageslicht gesehen haben und sich selbst auch nicht sehen können. Ihr Blick ist lediglich auf eine Höhlenwand vor ihnen gerichtet, die von einem Feuer vor der halbhohen Mauer erhellt wird. Zwischen dem Feuer und der Wand bewegen sich, für sie nicht sichtbar, Menschen, die an Stangen befestigte Nachbildungen von menschlichen und tierischen Gestalten tragen. Nur diese Nachbildungen ragen über die halbhohe Mauer und werfen, vom Licht des Feuers angestrahlt, Schatten auf die Felswand. Und nur diese Schatten sowie die Stimmen der Träger vermögen die Angeketteten wahrzunehmen. Ihr Weltbild ist somit nur das, was sie mit ihren Augen und Ohren wahrzunehmen und zu deuten vermögen, nicht mehr als eine Schattenwelt also.

Gelänge es nun einem der Gefangenen, sich zu befreien und ans Tageslicht zu gelangen, so würde er, nachdem er sich zuerst an die Helligkeit gewöhnen müsste, die für ihn zuvor unvorstellbare richtige Welt wahrnehmen, die ihm vermutlich als weniger real vorkäme wie seine lebenslange Schattenwelt. Zurück in der Höhle wäre es ihm sicherlich kaum möglich, sich wieder an diese zu gewöhnen und seinen Mitgefangenen einen Eindruck von der Außenwelt zu vermitteln, weil ihnen dazu jede Vorstellungskraft fehlen würde. Sie würden ihn wohl für verrückt erklären.

Ein sehr anschauliches und durchaus nachvollziehbares Gedankenexperiment, wie ich finde.

Ähnlich ergeht es sicherlich auch Menschen, die aufgrund einer medialen Begabung oder einer außerkörperlichen Erfahrung oder infolge eines so genannten Nahtoderlebnisses Eindrücke aus einer für andere unvorstellbaren geistigen Welt erhalten oder dies zumindest vorgeben, denn Scharlatane gibt es zweifellos auch in diesen Bereichen. Aber können wir außersinnliche Wahrnehmungen[62] tatsächlich unisono als Unfug abtun, nur weil es dafür keine wissenschaftlich bestätigten Nachweise gibt? Oder anders gefragt: Wie hätte zum Beispiel der ans Tageslicht geflüchtete Höhlenbewohner einen Beweis dafür oder einer seiner Mitbewohner aus Platons Höhlengleichnis einen Gegenbeweis erbringen können? Eine plausible Antwort darauf zu finden dürfte zumindest schwer fallen.

Übrigens haben, unabhängig von den Menschen mit medialer Begabung, alleine in Deutschland schon weit mehr als drei Millionen, die sich in lebensbedrohlichen Situationen befanden, sei es durch eine Krankheit, eine Operation oder durch einen Unfall, eine Nahtoderfahrung gemacht. So sind mir auch aus meiner Verwandtschaft vier Fälle von Nahtoderfahrungen bekannt.

Einige typische Nahtod-Merkmale sind zum Beispiel:

- eine Sicht von Außen auf den eigenen Körper
- sich mit hoher Geschwindigkeit durch eine Art Tunnel auf ein strahlend helles und Liebe vermittelndes Licht hin zu bewegen
- die Wahrnehmung einer im wahrsten Sinne des Wortes „unbeschreiblich" schönen geistigen Welt
- eine Begegnung mit Verstorbenen bzw. mit Geistwesen
- eine Rückschau auf das eigene Leben in einer Art Film
- der häufige Wunsch, in dieser geistigen Welt verbleiben zu dürfen
- eine jenseitige Erklärung dafür, dass beziehungsweise warum man wieder in seinen Körper und damit in sein irdisches Dasein zurück muss

Auch diesbezüglich sollen keineswegs die Skeptiker verschwiegen werden, die derartige Erfahrungen weniger auf spirituelle Erlebnisse als beispielsweise auf Halluzinationen, Sauerstoffmangel im Gehirn, körpereigene Botenstoffe, psychotrope Substanzen oder Psychopharmaka zurückführen, was allerdings mit Pim van Lommels Erkenntnissen über das Bewusstsein im vorletzten Kapitel nicht in Einklang zu bringen ist. Ein gutes Stichwort, um im nächsten Kapitel, in Anlehnung an Aladins Wunderlampe, zwar nicht auf den Geist aus der Lampe, sondern auf unseren

Geist und seine mögliche Existenz außerhalb unseres Körpers zurückzukommen, die ich anhand eines simplen Beispiels gerne veranschaulichen möchte.

Ist eine Trennung von Geist und Körper denkbar?

Eine sehr gute Frage, finde ich. Denkbar ist letztlich alles, aber wie? Ich will versuchen, Ihnen darauf eine möglichst plausible Antwort zu geben.

Nehmen wir zum Beispiel mein Notebook, auf dem ich diese Zeilen verfasst habe, und vergleichen dieses Gerät, in dessen Inneren sich jede Menge Elektronik befindet, mit dem menschlichen Körper. Man könnte die zentrale Prozessoreinheit[63], auch CPU genannt, samt Speicher zumindest annähernd mit einem menschlichen Gehirn vergleichen. Und dieses Notebookgehirn setzt Eingabebefehle über die Tastatur in entsprechende Ausgabesignale auf dem Monitor sowie über Lautsprecher um.

Allerdings befindet sich der geistige Vater dieses Textes nicht im Notebook selbst, sondern er sitzt davor und bedient die Tastatur, über die seine Gedanken in entsprechende Signale für die CPU umgesetzt werden.

Angenommen, mein Notebook würde vom Tisch fallen und dabei irreparabel zu Bruch gehen, dann hätte das dennoch keine Auswirkungen auf mich als eigentlichen Erzeuger dieses Werkes. Und in weiser Voraussicht habe ich den verfassten Text ohnehin nicht nur auf dem Notebook, sondern zur Sicherheit auch auf einem externen Speicher abgelegt, sodass letztlich das geistige Werk nicht verloren wäre. Selbst wenn, wäre ich zudem auch in der Lage, meine Gedanken erneut auf einem anderen Gerät zu erfassen.

Etwa so könnte man sich im Prinzip auch beim Menschen einen außerkörperlichen Geist oder ein externes Bewusstsein vorstellen. Doch genau so wie ein Notebook benötigt auch ein menschlicher Körper Energie, um zu funktionieren. Wenn unser Geist allerdings im Körper angesiedelt beziehungsweise untrennbar mit ihm verbunden wäre, würde auch er im Falle unseres Todes mangels Nahrungsaufnahme und damit wegen fehlender Energieversorgung unweigerlich mitsterben. Nur ein vom Körper losgelöster oder loszulösender Geist wäre in der Lage, nach dem körperlichen Tod eines Menschen weiter zu existieren, aber auch nur dann, wenn er anderweitig mit der dafür notwendigen Energie versorgt werden würde. Doch was könnte das sein und wo sollte diese Energie herkommen? Auch hierzu ein simples Beispiel.

In den Anfangstagen des Rundfunks gab es sogenannte Detektorempfänger[64]. Man muss sich darunter sehr einfache Geräte mit relativ geringen Empfangs- und Wiedergabeeigenschaften vorstellen, die aus den vom Rundfunksender ausgestrahlten elektromagnetischen Wellen nicht nur die eigentlichen Hörsignale wie Sprache, Musik etc. herausfiltern und auf einen Lautsprecher oder Kopfhörer übertragen, sondern auch die notwendige Energie für ihren Betrieb daraus beziehen. Mit anderen Worten, Detektorempfänger benötigen für ihren Betrieb keine externen Energiequellen wie Netzgeräte, Batterien oder Akkus.

So weit, so gut, aber wie könnte man sich die Energieversorgung für unseren Geist grundsätzlich vorstellen, wenn er nicht vom menschlichen Körper selbst versorgt werden würde? Bekanntlich ist, wenn man von Gott spricht, häufig von göttlicher oder spiritueller Energie die Rede. Auch bei Nahtoderfahrungen wird Gott als Lichtgestalt oder als Wesen, das strahlend helles Licht[65] aussendet, wahrgenommen, und Licht ist eine Form der so genannten elektromagnetischen Strahlung[66], die Strahlungsenergie[67] transportiert. Auch unsere Sonne als Lichtquelle transportiert Energie, die beispielsweise auf unserer Haut in Form von Wärme spürbar ist oder in einem Brauchwasserkollektor der Warmwassererzeugung dient. Und mittels Fotovoltaik kann Sonnenlicht auch in elektrische Energie umgewandelt werden.

Wie auch immer, übertragen auf unser Bewusstsein beziehungsweise auf unseren Geist könnte man sich diesen prinzipiell auch als einen Empfänger für ausgestrahlte göttliche Energie vorstellen, der somit in der Lage wäre, über unseren körperlichen Tod hinaus weiter zu existieren. Wenn es nach rein irdischen Maßstäben mit einem derartigen Empfänger funktioniert, warum sollte so etwas nicht auch für unseren Geist möglich sein? Jedenfalls wäre das eine denkbare Erklärung für Pim van Lommels „Endloses Bewusstsein", was letztlich nichts anderes bedeutet wie ein ewiges geistiges Leben über den körperlichen Tod hinaus, ermöglicht durch göttliches Licht als geistige Lebensenergie.

Nachwort

Offengestanden fehlt mir das Verständnis für diejenigen Wissenschaftler, die angeben, die Naturgesetze würden als Erklärung für die Entstehung des Universums und des irdischen Lebens ausreichen, und dass man dafür keinen Gott benötige. Schließlich bedürfen auch Gesetze, gleich welcher Art, eines geistigen Schöpfers!

Nichts gegen Atheisten allgemein, denn ihnen ist selbstverständlich ihr Recht auf Unglauben gegeben, aber dass etliche Vertreter dieser Klientel eine Existenz Gottes grundsätzlich ausschließen, nur weil dafür kein wissenschaftlicher Beweis erbracht werden kann, erscheint mir insofern unlogisch, da man schließlich auch nicht beweisen kann, dass es keinen Gott gibt.

Für mich jedenfalls ist der Glauben die eindeutig bessere Wahl, weil er mir gegenüber dem Unglauben eine zusätzliche und logische Option für die Beantwortung einer Reihe von existenziellen Fragen bietet, selbst wenn auch dabei die nicht minder spannende Frage nach der Herkunft eines göttlichen Schöpfers unbeantwortet bleibt.

Ich bin mir bewusst, dass das, was ich Ihnen in diesem kleinen Büchlein an Argumenten für einen Glauben an Gott und für eine ewige Existenz unserer Geistseele zu vermitteln versucht habe, für Skeptiker bei weitem nicht ausreichen dürfte, sich diesen Argumente ebenfalls anzuschließen. Doch es gibt glücklicherweise eine Vielzahl von anspruchsvoller - wenn auch nicht immer leicht verständlicher - spiritueller Literatur von namhaften Autoren, die sich intensiv mit den für uns alle existenziell wichtigen Fragen wie

- Gibt es wirklich einen göttlichen Schöpfer?
- Warum sind wir auf der Welt?
- Was ist der Sinn des Lebens?
- Was passiert mit uns, wenn wir sterben?
- Gibt es ein Leben nach dem Tod?

und vieles mehr auseinandergesetzt haben. Sie alle, auch diejenigen, die ich selbst gelesen habe, hier aufzulisten, würde den Rahmen dieses kleinen Buches allerdings sprengen.

Ich selbst habe in einige meiner anderen Werke eine Reihe von mir wichtig und plausibel erscheinenden Aspekten bewusst in einer möglichst anschaulichen und unterhaltsamen Romanform einfließen lassen, weil ich damit die Hoffnung verbinde, letztlich mehr Leser für die durchaus nicht einfache Thematik erreichen und interessieren zu können als mit einer rein sachlich ausgerichteten Lektüre. Auf den folgenden Seiten möchte ich Ihnen einige dieser Bücher zumindest kurz vorstellen. Ein kostenloses E-Book ist übrigens auch darunter.

Glauben ist nicht doof
Denkanstöße für ein erfülltes Leben
im Einklang mit sich selbst

Verlag Books on Demand GmbH

Zunehmend mehr Menschen wenden sich enttäuscht von den klassischen Religionen ab, weil sie auf elementare Fragen nach dem Sinn des Lebens und was passiert, wenn wir sterben, nur unbefriedigende und teilweise widersprüchliche Antworten liefern. Das Interesse an alternativen Religionen, an spirituellen Bewegungen und Phänomenen wie Nahtoderfahrungen steigt dagegen kontinuierlich. In diesem Buch werden wichtige Denkanstöße und plausible Erklärungen für eine Reihe von Fragen zu dieser komplexen Thematik vermittelt.

In Trümmern versunken
Verlag Books on Demand GmbH

Eine endlose Kette von gewaltigen Naturkatastrophen rund um den Erdball reißt hunderte Millionen Menschen in den Tod. Das weltweite Ausmaß der verheerenden Schäden erfordert globale Rettungs- und Wiederaufbaumaßnahmen und damit den Einsatz einer länderübergreifenden Notregierung. Arthur Malbourg, ein sehr einfluss- und erfolgreicher Wirtschaftsmanager, ergreift kurz entschlossen die Initiative und setzt sich mit einer Schar Gleichgesinnter an deren Spitze. Sein entschlossenes und fürsorgliches Handeln zum Wohl der notleidenden Bevölkerung trägt schon bald Früchte. Sein Ansehen wächst von Tag zu Tag und er wird als Heilsbringer und Retter der Menschheit gefeiert. Doch Malbourg lässt keine Gelegenheit aus, Gott für die weltweiten Katastrophen verantwortlich zu machen und die Menschen von ihrem Glauben an ihn abzubringen. Alle Gläubigen werden in zunehmendem Maße bedroht und müssen um ihr Leben fürchten. Immer mehr von ihnen fallen einer gezielten Verfolgung und barbarischen Grausamkeiten zum Opfer. Nur wenige werden auf unerklärliche Weise in letzter Sekunde vor dem sichern Tod gerettet und finden sich plötzlich an einem geheimnisvollen Ort wieder.

Geh den Weg zu Ende
Verlag CreateSpace Independent
Publishing Platform

Ein Mann lässt bei einem Spaziergang in trister No-
vemberatmosphäre sein bisheriges Leben Revue passieren, dem er aufgrund von vielfältigen Problemen
und Belastungen nur wenig abgewinnen kann. Dabei
wird er von einem Auto erfasst und findet sich plötzlich im Jenseits wieder. Seine phantastischen Erlebnisse in einer völlig anderen Dimension lassen ihn
sein Schicksal daraufhin in einem anderen Licht er-
scheinen.

Jenseits in Eden
Verlag Books on Demand GmbH

Ein Mann hat seinen gut bezahlten Job aufgrund von
Alkohol- und Geldproblemen verloren. Zudem steht
ihm ein Prozess wegen Korruption bevor, der seine
berufliche Zukunft endgültig zu zerstören droht. Die
Schuld an dieser tragischen Entwicklung gibt er seiner Frau, die ihn mit anderen Männern betrogen hat.
Er beschließt, sich an ihr zu rächen und lauert ihr mit
einem Wagen auf, um sie zu überfahren. Doch in
letzter Sekunde reißt er das Steuer des Wagens her-
um, worauf dieser sich überschlägt und eine steile
Böschung hinabstürzt. Was danach passiert, lässt sich
mit Worten kaum beschreiben.

Nebel auf dem Weg
Verlag Books on Demand GmbH

Der ehemalige Architekt Christian Stein steckt seit
Jahren in einer schweren Lebenskrise, ausgelöst
durch den Tod seines Sohnes, der ihn völlig aus der
Bahn warf und beruflich scheitern ließ. Zudem wurde
seine Frau Opfer eines mysteriösen Verkehrsunfalls,
an dem er sich mitschuldig fühlt. Auch der Kontakt
zu seiner Tochter ist seit längerer Zeit abgebrochen.
Verzweifelt sucht er nach einem Ausweg, um seiner
Einsamkeit zu entrinnen. Bei einem Abendspazier-
gang führt ihn sein Weg an einer alten Fachwerkbrü-
cke vorbei, die für ihn in Kindertagen Abenteuer-
spielplatz für waghalsige Kletterpartien und später
heimlicher Treffpunkt mit seiner Jugendliebe war.
Wehmütigen Erinnerungen an längst vergangene
Zeiten folgend klettert er noch einmal die Brücke
hinauf. Dies löst ein außergewöhnliches Erlebnis für
ihn aus.

Geisterpost
Verlag Books on Demand GmbH

Eine spannende Geschichte aus den fünfziger Jahren, zur Zeit der wirtschaftlichen Angliederung des Saarlandes an Frankreich.

Eine Frau in den mittleren Jahren kann nach dem Tod ihres Mannes von der kleinen Witwenrente alleine nicht leben. Seine Lebensversicherung, die er zu ihren Gunsten abgeschlossen hatte, wurde ein paar Jahre vor seinem Tod gekündigt, doch das ausgezahlte Geld ist spurlos verschwunden. Sie nimmt daher eine Arbeit in einem Waisenhaus an und schließt dort ein kleines Mädchen in ihr Herz. Doch haben ihre Bemühungen, das Kind bei sich zu Hause aufnehmen, auch Erfolg?

Auf unerklärliche Weise tauchen nach einiger Zeit Briefe ihres verstorbenen Mannes auf, in denen er ihr ein dunkles Geheimnis verrät. Die Briefe sind echt und wurden erst nach seinem Tod verfasst, aber kann der Geist eines Verstorbenen tatsächlich noch Briefe schreiben? Entsprechen seine Angaben auch der Wahrheit und von wem wurde ihr die Post übermittelt? Viele Fragen, auf die sie verzweifelt eine Antwort zu finden versucht.

Planet der Grausamkeiten
Verlag CreateSpace Independent Publishing Platform

Ein Mann wird mitten in der Nacht aus dem Schlaf gerissen und von vermummten Gestalten verschleppt. In einer Art Gerichtssaal soll er sich für grauenvolle Massaker an Tieren in einem schier unermesslichen Ausmaß rechtfertigen, mit denen er jedoch nichts das Geringste zu tun hat, so glaubt er jedenfalls. Doch was er in dieser Nacht erfährt, lässt sein Weltbild heftig ins Wanken geraten.

**Geschichten vom Tod
und was danach passiert ist**
Verlag Books on Demand GmbH

Freund Hein schleicht schon ums Haus, hieß es früher, wenn jemand im Sterben lag. Heute spricht niemand mehr gerne vom Tod, schon gar nicht vom Tod als Freund. Die meisten von uns verdrängen lieber das unausweichliche Schicksal, das uns alle ausnahmslos einmal ereilen wird.
Den Tod umgibt etwas Mysteriöses und Geheimnisvolles. Ob nach dem Tod alles aus ist oder ob es nicht doch ein Jenseits und ein Leben nach dem Tod gibt, darüber gehen die Meinungen weit auseinander.
In zwölf spannenden und berührenden Geschichten versucht der Autor, den Schleier, mit dem sich der Tod umgibt, ein wenig zu lüften.

Josefs Hütte

Verlag Books on Demand GmbH

zum <u>kostenlosen</u> Download auf allen Buchportalen
im Internet

Maria Behrmann, Leiterin der Forschungs- und Ent-
wicklungsabteilung eines großen Unternehmens,
gerät eines Tages in einem Park mit einem fremden
Mann in Streit und ergreift, von seinem Benehmen
völlig entnervt, schließlich die Flucht vor ihm. Doch
am nächsten Abend steht der Fremde plötzlich vor
ihrer Wohnungstür. Eine Begegnung, die ihr bisheriges Leben völlig verändern wird.

Quellenangaben

Die in diesem Buch mit Indizes markierten Begriffe und Textpassagen basieren auf der freien Enzyklopädie Wikipedia und stehen unter der Lizenz Creative Commons CC-BY-SA 3.0 Unported (Kurzfassung). In der Wikipedia ist eine Liste der Autoren verfügbar.

[1] https://de.wikipedia.org/wiki/Naturwissenschaft
[2] https://de.wikipedia.org/wiki/Religionswissenschaft
[3] https://de.wikipedia.org/wiki/Religion
[4] https://de.wikipedia.org/wiki/Dogma
[5] https://de.wikipedia.org/wiki/Glauben
[6] https://de.wikipedia.org/wiki/Wissen
[7] https://de.wikipedia.org/wiki/Wissenschaft
[8] https://de.wikipedia.org/wiki/Gewissheit
[9] https://de.wikipedia.org/wiki/Theismus
[10] https://de.wikipedia.org/wiki/Atheismus
[11] https://de.wikipedia.org/wiki/Agnostizismus
[12] https://de.wikipedia.org/wiki/Der_Garten_der_Lüste_(Bosch)
[13] https://de.wikipedia.org/wiki/Flammarions_Holzstich
[14] https://de.wikipedia.org/wiki/Flache_Erde
[15] https://de.wikipedia.org/wiki/Entdeckung_Amerikas_1492
[16] https://de.wikipedia.org/wiki/Geozentrisches_Weltbild
[17] https://de.wikipedia.org/wiki/Nikolaus_Kopernikus
[18] https://de.wikipedia.org/wiki/Heliozentrisches_Weltbild
[19] https://de.wikipedia.org/wiki/Galileo_Galilei
[20] https://de.wikipedia.org/wiki/Johannes_Kepler
[21] https://de.wikipedia.org/wiki/Kirchenaustritt
[22] https://de.wikipedia.org/wiki/Juri_Alexejewitsch_Gagarin
[23] https://de.wikipedia.org/wiki/Friedrich_Nietzsche
[24] https://de.wikipedia.org/wiki/Sigmund_Freud
[25] https://de.wikipedia.org/wiki/Paul_Dirac
[26] https://de.wikipedia.org/wiki/Alan_Greenspan
[27] https://de.wikipedia.org/wiki/Stephen_Hawking
[28] https://de.wikipedia.org/wiki/Richard_Dawkins
[29] https://de.wikipedia.org/wiki/Der_Gotteswahn

[30] https://de.wikipedia.org/wiki/Charles_Darwin
[31] https://de.wikipedia.org/wiki/Louis_Pasteur
[32] https://de.wikipedia.org/wiki/Gregor_Mendel
[33] https://de.wikipedia.org/wiki/Max_Planck
[34] https://de.wikipedia.org/wiki/Georges_Lemaître
[35] https://de.wikipedia.org/wiki/Urknall
[36] https://de.wikipedia.org/wiki/Arthur_Stanley_Eddington
[37] https://de.wikipedia.org/wiki/Quäkertum
[38] https://de.wikipedia.org/wiki/Werner_Heisenberg
[39] https://de.wikipedia.org/wiki/Albert_Einstein
[40] https://de.wikipedia.org/wiki/Theologie
[41] https://de.wikipedia.org/wiki/Erlösung
[42] https://de.wikipedia.org/wiki/Kreuzzug
[43] https://de.wikipedia.org/wiki/Christenverfolgung
[44] https://de.wikipedia.org/wiki/Reinkarnation
[45] https://de.wikipedia.org/wiki/Seele
[46] https://de.wikipedia.org/wiki/Hinduismus
[47] https://de.wikipedia.org/wiki/Buddhismus
[48] https://de.wikipedia.org/wiki/Jenseits
[49] https://de.wikipedia.org/wiki/Geist
[50] https://de.wikipedia.org/wiki/Atom
[51] https://de.wikipedia.org/wiki/Elektromagnetisches_Spektrum
[52] https://de.wikipedia.org/wiki/Emotion
[53] https://de.wikipedia.org/wiki/Bewusstsein
[54] https://de.wikipedia.org/wiki/Gehirn
[55] https://de.wikipedia.org/wiki/Pim_van_Lommel
[56] https://de.wikipedia.org/wiki/Nahtoderfahrung
[57] https://de.wikipedia.org/wiki/Lichtgeschwindigkeit
[58] https://de.wikipedia.org/wiki/Pluto
[59] https://de.wikipedia.org/wiki/Alpha_Centauri
[60] https://de.wikipedia.org/wiki/Lichtjahr
[61] https://de.wikipedia.org/wiki/Höhlengleichnis
[62] https://de.wikipedia.org/wiki/Außersinnliche_Wahrnehmung
[63] https://de.wikipedia.org/wiki/Zentraleinheit
[64] https://de.wikipedia.org/wiki/Detektorempfänger
[65] https://de.wikipedia.org/wiki/Licht
[66] https://de.wikipedia.org/wiki/Elektromagnetische_Welle
[67] https://de.m.wikipedia.org/wiki/Strahlungsenergie